DISCOURS

PRONONCÉ AU PÈLERINAGE NATIONAL

DE CLÉRY.

LA SAINTE VIERGE & LA FRANCE

DISCOURS

PRONONCÉ

AU PÈLERINAGE NATIONAL DE CLÉRY

LE DIMANCHE 9 AOUT 1874

Par M. l'abbé Ém. BOUGAUD

VICAIRE GÉNÉRAL D'ORLÉANS

ORLÉANS

BLANCHARD, LIBRAIRE-ÉDITEUR

12, RUE BANNIER, 12

1874

DISCOURS

PRONONCÉ AU PÈLERINAGE NATIONAL

DE CLÉRY.

⸻ ⁂ ⸻

Auxilium christianorum, ora pro nobis.
Secours des chrétiens, priez pour nous.

(Ces paroles ont été ajoutées aux Litanies de la sainte Vierge, par saint Pie V, après la victoire miraculeuse de Lépante.)

Éminence (1),

Messeigneurs (2),

Mes Frères,

Quel est donc le mystère de cette journée ? D'où vient ce souffle nouveau qui passe en ce moment sur la France, et qui pousse au pied des autels des foules immenses de pèlerins. Elles étaient hier à Chartres, à Lourdes, à la Salette, à Fourvières, à Sion. Les voici aujourd'hui à Cléry. Que veulent-elles ? Et que signifie cet ébranlement spontané, ce religieux

---

(1) Mgr Donnet, Cardinal et Archevêque de Bordeaux.

(2) NN. SS. les Evêques Dupanloup, Evêque d'Orléans ; Colet, Evêque de Luçon ; David, Evêque de Saint-Brieuc ; Hugonin, Evêque de Bayeux ; Meignan, Evêque de Châlons ; Callot, Evêque d'Oran.

et sublime concours, si inconnu depuis des siècles, si ignoré il y a trois ans, et qui prend de plus en plus les proportions d'un phénomène social ?

Ce qu'il signifie ? On en a cherché bien des explications ; il n'y en a qu'une ; et la voici :

C'est l'âme religieuse de la France qui se réveille.

C'est la France humiliée, vaincue, à bout de voies, qui se soulève sur sa couche douloureuse, et qui cherche en Dieu un secours qui manifestement n'est plus sur la terre.

Surtout, c'est la France coupable qui commence à comprendre que ses malheurs sont un châtiment ; qui frappe sa poitrine, qui demande pardon, et qui, pour être plus sûre de l'obtenir, se jette dans les bras de la très-sainte Vierge.

Oui, voilà pourquoi nous sommes ici.

Oh ! sans doute, et avant tout, nous sommes venus pour obéir aux inspirations de nos cœurs catholiques ; nous sommes venus, parce que Marie est notre mère, la consolatrice des affligés, le refuge des pécheurs ; parce que nous savons par expérience qu'on n'a jamais recours en vain à la très-sainte Vierge, et que toujours elle prend en main, puissamment, efficacement, la cause de ceux qui souffrent. Et qui est-ce qui ne souffre pas aujourd'hui, sur cette triste terre où tout tremble ?

Mais quelque saint et profond que soit ce premier motif, j'ai hâte de le dire, nous sommes ici à un autre titre.

Nous sommes venus comme Français, au nom de notre chère et infortunée patrie. Nous sommes venus à la Sainte-Vierge, parce qu'elle a toujours aimé la France : parce que notre histoire, pendant quinze siècles, n'est que le sublime récit des bienfaits que nous avons reçus d'elle ; parce que le passé nous répond de l'avenir ; parce que le présent parle encore plus éloquemment que le passé, et qu'il suffit d'un regard pour voir que Marie est aujourd'hui penchée tendrement sur la France et qu'elle s'apprête à la soulever de terre.

Comme dans cet incomparable tableau de Raphaël, la perle de notre musée du Louvre, où l'on voit la Vierge-mère qui se penche sur le berceau de l'enfant Jésus, pendant que celui-ci se soulève et lui tend les bras. Seulement ce n'est pas d'un berceau, ni dans toutes les grâces de l'innocence et de la jeunesse que nous essayons de nous soulever. Hélas! c'est de la couche de nos humiliations et de nos douleurs, comme des convalescents et des malades. Mais qui sait si ce second spectacle ne donne pas à une mère des bras encore plus tendres?

Voilà ce que je voudrais dire. Je voudrais chanter l'antique amour de Marie pour la France et de la France pour Marie. Je voudrais étudier les profondes et mystérieuses harmonies qui les unissent depuis quinze siècles, et, en en cherchant les raisons dans le passé, vous apporter une consolation et une espérance pour l'avenir.

Ah! si ma parole pouvait s'égaler à la grandeur des choses, peut-être que les mânes illustres des rois, des princes, des capitaines qui, dédaignant Saint-Denis, ont voulu dormir leur dernier sommeil au pied de la Vierge de Cléry, tressailleraient dans leur tombe; et que tant de monarques qui se sont agenouillés dans ce sanctuaire, Philippe de Valois, Louis XI, Louis XII, François Iᵉʳ, Henri III, Louis XIV, ne refuseraient pas d'unir leurs prières aux nôtres pour cette vieille France, si illustre autrefois quand elle était chrétienne, aujourd'hui si malheureuse, si divisée, si affaiblie!... Du moins qu'une telle leçon nous serve, nous qui vivons encore et qui pouvons travailler à sa régénération. O Marie, aidez-moi, et mettez vous-même sur mes lèvres quelques accents qui soient dignes de cette immense et religieuse assemblée, et de ces princes de l'Eglise qui sont venus nous apporter de si loin, avec la majesté de leur présence, la toute puissance de leurs supplications.

Ave, Maria.

1

Un grand saint, qui était en même temps un rare génie, a
dit une parole superbe. — Il a dit : « Le Royaume de France,
c'est le Royaume de Marie. » *Regnum Galliæ, regnum Mariæ.*
Qui a pu inspirer à saint Bernard une telle parole ? Qu'avait-il
donc vu, ce grand homme, pour résumer ainsi toute notre histoire ? Serait-il vrai qu'il y aurait entre la France et Marie une
sorte de sympathie divine, je ne sais quelle mystérieuse har-
monie qui les inclinerait tendrement l'une vers l'autre ? Oui,
oui, cela est vrai, chrétiens ; et je vous demande à en faire la
preuve.

A peine la France naissait, que ce type incomparable de
beauté et de bonté ravissait son cœur et la jetait dans l'enthousiasme. Toutes ses frontières se couronnaient du nom de
Marie comme d'un rempart. Ses grandes cathédrales, près de
quarante, se bâtissaient sous son vocable. Et dans toutes ses
villes, jusque dans ses moindres villages, se dressaient une
foule de sanctuaires, tous pleins des signes les plus évidents de
la tendresse de Marie pour la France. Si bien qu'à peine né,
ce royaume, dont un grand pape avait dit que c'était le plus
beau de tous les royaumes après celui du Ciel, il n'y avait plus
à contester, c'était le royaume préféré de Marie : *Regnum
Galliæ, regnum Mariæ.*

Mais que dis-je ? avant même que la France fût, quand elle
était en formation pour ainsi dire, elle portait déjà, dans ses
flancs, je ne sais quel pressentiment sublime de cette auguste
dévotion. Comme on dit qu'en creusant les fondations de Rome,
on y découvrit une tête d'homme et qu'on en augura qu'elle
deviendrait la tête du monde, de même aussi, quand on creuse
les fondations de la France, sous le sol, dans ces cryptes mystérieuses des druides, ou bien à l'ombre des vieux chênes char-
gés de gui sacré, qu'est-ce que l'on aperçoit ? nos aïeux, les

gaulois, si religieux, si ardents, si tendres, et, Tacite le dit, si chastes, agenouillés devant l'image de la Vierge qui doit enfanter : *Virgini parituræ* ! — Soit qu'ils eussent recueilli cette prophétie sur les lèvres des Sybilles, et dans les antiques traditions du genre humain ; soit qu'il ait plu à la Vierge-Mère, comme dit un vieux chroniqueur, de se révéler d'avance à la nation qui devait tant l'aimer. Il y a des autels semblables sur une multitude de points à la fois ; à Nogent, à Autun, à Fontaines près de Dijon, à Langres. Mais rien n'égale la splendeur du vôtre, pieux habitants de Chartres ; cet antique autel, cette crypte mystérieuse, sur laquelle, avec votre foi, avec votre génie, dans le feu d'un incomparable enthousiasme, vous avez jeté ce splendide édifice qu'on appelle Notre-Dame de Chartres.

Cependant le Christianisme paraît. Les Apôtres abordent de tous côtés dans les Gaules. Saint Denis les traverse et apporte à Lutèce le nom, le souvenir, l'amour de cette Vierge qu'il avait vue. Car que de raisons pour croire, avec l'antique tradition de l'Eglise de Paris, que notre saint Denis est saint Denis l'Aréopagite ? En tous cas, et quel qu'il fût, son premier acte est d'élever un sanctuaire à Marie. Dans cette ile que forment les deux bras de la Seine, en ce lieu qui est comme le cœur de Paris et de la France, il pose les fondements de cette première chapelle, qui, réédifiée par Clovis et par Childebert ; et plus tard, après six siècles, rebâtie par un enfant d'Orléans, Maurice de Sully, continuée par Philippe Auguste, achevée par saint Louis, est devenue notre illustre sanctuaire national de Notre-Dame de Paris.

Tournez-vous d'un autre côté. Voici saint Pothin à Lyon. Disciple de saint Polycarpe, qui l'était de saint Jean ; il apporte avec lui, de l'Orient, une image de la très-sainte Vierge, et il la dépose dans une crypte, sous les fondations de l'église actuelle de Saint-Nizier. C'est là, aux pieds de cette image, que parle et écrit saint Irénée, celui qui a dit le premier de Marie qu'elle était *l'avocate des hommes*. Là que se forme cette troupe d'apôtres qui, remontant la Saône, s'arrêtent à Mâcon, à Autun, à Dijon, à Langres, poussent jusqu'à Besançon et y sèment partout des églises consacrées à la très-sainte Vierge. Là surtout que naît cette tendre dévotion lyonnaise à la Sainte-Vierge; qui, cachée d'abord sous les fondements de Saint-Nizier, a éclaté bientôt dans une foule de sanctuaires célèbres, et est montée enfin sur cette colline de Fourvières, d'où la très-sainte Vierge domine comme une reine, et d'où elle voit toute la France à ses pieds.

C'est dans ce cadre pour ainsi dire, presque à égale distance de ces horisons tout resplendissants du nom de Marie, qu'a lieu tout à coup l'illumination du champ de bataille de Tolbiac. Clovis se prosterne devant le Dieu que lui a révélé son épouse; et, se relevant chrétien, il court, avec toute son armée se faire éclairer et régénérer dans le baptistère de Notre-Dame de Reims.

Vous le voyez, mes Frères, nous sommes nés pour ainsi dire dans les bras de la très-sainte Vierge, et aussi, comme des enfants dignes d'une telle mère, nous avons toujours gardé quelque chose du sein où nous avons été conçus. Si Clovis, par exemple, veut remercier Dieu de l'avoir fait roi des Francs, il bâtit à l'extrémité de son royaume cette vieille Notre-Dame de Strasbourg, sur laquelle la piété du XIIIe siècle a jeté cette dentelle aérienne que nous venons de perdre, hélas! avec tant d'autres trésors, mais que nous retrouverons le jour où nous serons redevenus les vrais enfants de Marie. Si Charlemagne, au milieu de sa glorieuse et chrétienne carrière, veut élever un édifice qui soit à la fois son action de grâces pour le passé, le lieu de son couronnement comme empereur d'Occident, et, dans l'avenir, son tombeau, il bâtit Notre-Dame d'Aix-la-Chapelle; il l'enrichit des plus précieuses reliques de la Sainte-Vierge; il fait creuser sa crypte funéraire sous son autel, et il veut y être enseveli, assis, avec l'image de Marie sur ses genoux. Si, après la mort de ce grand homme, les Normands dont un jour il avait, accoudé à la fenêtre de son palais, entrevu avec des larmes dans les yeux les voiles lointaines, en pensant que, lui mort, plus rien n'arrêterait leurs excursions ; si les Normands, dis-je, arrivent jusqu'à Paris, que fait le roi de France ? Il fait déployer devant son armée, et porter au bout d'une lance, par l'évêque de Chartres, la sainte tunique de Marie. Et quand ils ont été taillés en pièces, on compose une vieille ballade militaire où l'armée chante que ce n'est ni le Franc ni le Burgonde qui ont chassé les Normands : *Nec te Francus fugat, nec te Burgundus cædit;* mais la vierge Marie, *sed regina virgo Maria.* Si Philippe-Auguste brise à Bouvines la coalition qui menaçait l'intégrité de la France, il n'hésite pas un instant. C'est à Marie qu'il attribue son succès; et en reconnaissance, il fonde Notre-Dame-de-la-Victoire à Senlis. Si Blanche de Castille attend en vain depuis cinq ans un héritier au trône de Charlemagne et de Philippe-Auguste, elle fait un vœu à la Sainte-Vierge; et elle en reçoit saint Louis qui clôt magnifiquement cette première époque de notre adolescence et de notre jeunesse; saint Louis, le fruit le plus suave, la fleur la plus brillante du génie et du cœur français; moins grandiose que Charlemagne, mais plus achevé; d'une beauté sans lacunes et sans ombres, et qui nous a laissé un monument où il semble avoir voulu imprimer quelque chose de sa belle et pure physionomie! la Sainte-Chapelle, bâtie pour garder les reliques insignes de la passion, et néanmoins consacrée à la très-sainte Vierge.

Voilà comment nous sommes nés, chrétiens, et comment nous avons grandi, dans les bras et sur le cœur de Marie.

Malheureusement les enfants de saint Louis ne persévérèrent pas dans la voie que leur avait tracée leur saint aïeul. Il y eut de grandes, d'immenses prévarications. Vainement les trois fils de Philippe-le-Bel périrent à la fleur de l'âge, pour lui apprendre à ne pas mettre la main sur l'oint du Seigneur. Vainement la France fut visitée par deux fléaux terribles : un roi en démence et une reine perverse. Il faut de plus grands coups pour châtier la France. Voici Poitiers, Crécy, Azincourt; Paris emporté d'assaut; toutes nos villes se rendant les unes après les autres... Nous étions perdus, Messieurs, perdus, malgré votre bravoure, habitants d'Orléans, si la sainte Vierge ne s'était souvenue que notre royaume lui appartient : *Regnum Galliœ, regnum Mariœ*. Elle regarda la France, et de ce regard d'amour naquit Jeanne d'Arc.

La voyez-vous, la virginale héroïne ! comme on sent bien qu'elle est un don de la Vierge des Vierges !

C'est au pied de son autel, dans la chapelle de Notre-Dame de Vermont, que se passe sa pieuse enfance ! là quelle se consacre à Marie par le vœu de virginité ! là quelle entend ses voix, et qu'en sortant de l'extase elle jure de se vouer, jusqu'à la mort, au salut de la France. Et quand l'heure est venue de commencer son grand ministère et qu'il lui faut une épée, où la trouve-t-on, comme par miracle, sur une indication du ciel ? au pied d'un autel dédié à Marie. Et quand à cette épée elle voulut joindre un étendart, cet étendart dont elle disait : J'aime bien mon épée, mais j'aime encore mieux mon étendart, savez-vous ce qu'elle y fait graver : Le saint nom de Marie à côté du nom adorable de Jésus : Jesus, Maria ! En outre de cet étendard qu'on portait devant elle, elle s'était fait faire un petit guidon quelle tenait à la main, et qu'y voyait-on ? Un ange à genoux qui présentait un lis à la très-sainte Vierge.

C'est ainsi qu'elle entre à Orléans, et l'ennemi ayant été chassé et la ville désassiégée, son premier acte est de conduire tous les habitants, tous les chefs de son armée, non plus dans la vieille basilique de Sainte-Croix, mais dans une petite chapelle de Marie, Notre-Dame-des-Miracles, qui était comme le palladium de la cité. Elle s'y agenouille un instant, toute bardée de fer, son étendard à la main ; puis elle s'élance de là, pour conduire le Roi à Notre-Dame de Reims.

O merveilleuse épopée, qui commence à un autel de Marie pour finir à un autel de Marie ! Et pendant ce temps, « saint Louis et saint Charlemagne, elle le vit dans l'extase, étoient à genoux auprès du trône de Dieu ; » et l'on voyait l'archange saint Michel, l'ange de la France, descendre en agitant son épée dans les airs, l'épée protectrice et libératrice de la France !

Vainement pour arrêter les coups de cette épée mystérieuse, les Anglais traînent l'héroïne sur un bûcher. Le bûcher ne fait que rendre l'épée plus pénétrante encore. Il faut qu'ils fuient de toutes parts. Tout leur échappe. Paris les chasse jusqu'à Rouen. Rouen les chasse jusqu'à Dieppe. Dieppe les jette à la mer. Alors écoutez ce qui arriva. Comme les Anglais furieux voulaient reprendre la ville, l'armée française marche à son secours. Elle est conduite par un jeune prince, presque un enfant, le Dauphin Louis, celui dont la statue est là sous mes yeux (1). Ce n'est qu'un enfant, mais il a avec lui Dunois, l'héroïque compagnon de Jeanne d'Arc. Héroïque et chrétien, tout plein des leçons et des exemples de la sainte libératrice d'Orléans. Au moment de monter à l'assaut, Dunois avertit son royal élève de se souvenir de Dieu et de la Vierge de Cléry. Le jeune prince veut qu'on lui montre le point de l'horizon ou est le sanctuaire de Marie, et, quand Dunois le lui a indiqué de son épée, il s'agenouille dans cette direction, fait un vœu à la très-sainte Vierge, puis se précipitant à l'assaut, entraînant l'armée après lui, il culbute les Anglais dans la mer, « lesquels dit notre vieil historien, Symphorien Guyon, se retirèrent dès lors en leur isle, séparée de tout le monde. »

Cette église où nous sommes, Messieurs, est l'accomplissement du vœu de Louis XI. C'est le monument de l'expulsion définitive des Anglais. Le vieux roi a voulu y dormir son dernier sommeil. Dunois y repose aussi. Un jour, nous y élèverons un autel à Jeanne d'Arc. Nous y graverons ses prophéties, et l'ordre donné par elle aux Anglais d'avoir, de par Dieu, à quitter la France. Et Notre-Dame de Cléry aura alors sa suprême beauté. Sur cette terre toute pleine des traces de l'intervention divine, à deux pas des champs de bataille miraculeux de Patay, de Mèung, de Jargeau, en face d'Orléans délivré par Jeanne d'Arc, Notre-Dame de Cléry sera l'église de l'action de grâces.

(1) La statue de Louis XI est précisément au pied de l'ambon, du côté de l'Évangile.

Elle apprendra aux âges futurs que Marie n'abandonne jamais un peuple qui se confie en Elle.

Est-ce tout, chrétiens? Sont-ce là les seules preuves de ce profond et mutuel amour de la très-sainte Vierge et de la France? Oh! non, et ce que je viens de vous raconter n'est rien à côté de ce qui me reste à vous dire.

Un jour, les portes de Notre-Dame de Paris s'ouvrirent. Un Roi parut sur le seuil, entouré de sa cour, de ses généraux, de son armée, suivi par les flots d'un peuple immense. Toute la France était dans l'attente et en prières. Ce Roi, c'était le chaste Louis XIII. Et que venait-il faire dans cette église? Il venait consacrer la France à la très-sainte Vierge : cette France, re-tombée, après sa délivrance miraculeuse, dans de plus effroya-bles périls, à moitié empoisonnée par le protestantisme, déchi-rée par la guerre civile, menacée par la guerre étrangère, triste dans le présent, encore plus inquiète de l'avenir, car le trône n'avait pas d'héritier ! Après avoir cherché des remèdes autour de lui, n'en trouvant pas, Louis XIII s'était souvenu du mot de saint Bernard : *Regnum Galliæ, regnum Mariæ.* Il vint donc, il traversa lentement la nef de Philippe Auguste et de saint Louis ; il s'agenouilla au pied du grand autel, et là, revêtu de ses ornements royaux, portant en lui l'âme de la France, il la voua solennellement, publiquement, et pour jamais, à la très-sainte Vierge.

On vit alors combien Marie aime la France. L'année même de cette consécration, naquit cet enfant qui devait s'appeler Louis XIV et présider pendant quatre-vingts ans à la renais-sance de la France. Trois ans après, un jeune capitaine de 20 ans, qui faisait partie du cortége à Notre-Dame, recevait, sur le champ de bataille de Rocroy, une de ces illuminations qui changent le sort des empires. D'un coup de son épée, il brisait le cercle de fer que la Maison de Charles-Quint avait serré autour de nos flancs, et, abaissant définitivement la Maison d'Espagne, il nous rendait la prépondérance européenne. En même temps apparaissait cette suite de génies incomparables, grands orateurs, grands poètes, grands hommes d'État, grands généraux, dont la réunion fait du siècle où la France a été consacré a Marie «le plus grand siècle intellectuel de l'humanité. »

Ce n'est pas moi qui le dis, c'est un bon juge, grand écrivain et grand critique, M. Cousin. Il affirme que, non-seulement aucune nation de l'Europe, mais pas même Rome au temps d'Auguste, à peine la Grèce au siècle de Periclès, n'ont rien offert de comparable. C'est le moment exquis du genre humain; celui où l'esprit de l'homme a parlé, écrit, senti avec le plus de grandeur et de beauté. Eh! bien, ce moment exquis, le monde le doit à la France, et la France le doit à Marie.

Ah! nous pouvons disparaître comme tous les peuples; descendre à notre tour dans ces muets abîmes où dorment les choses finies; nous n'en aurons pas moins été, à un certain moment, le plus grand peuple de l'humanité!

Est-ce tout, cette fois? Pas encore. Après avoir été engendrés dans les bras de la très-sainte Vierge; après avoir été sauvés miraculeusement, sublimement, par Elle au xve siècle; après avoir été glorifiés au xviie, comme aucun peuple ne l'a jamais été, que reste-t-il, si ce n'est que, dans l'abîme où nous sommes tombés, nous soyons relevés, guéris, ressuscités par la très-sainte Vierge? Nous le serons, chrétiens; et déjà les signes en sont visibles à tous les points de l'horizon. Ce siècle avait à peine commencé son orageuse carrière, que la sainte Vierge apparaissait à une humble religieuse française, et lui révélait cette médaille miraculeuse, qui, depuis 60 ans, a reposé sur tant de poitrines et consolé tant de douleurs. Un peu après, elle choisissait dans Paris une église et, pour mieux y attirer la foule des pécheurs, elle la faisait étinceler. Or, savez-vous quelle église elle choisissait? Notre-Dame-des-Victoires, c'est-à-dire l'église même qui avait été élevée par Louis XIII pour être un souvenir éternel de la consécration de la France à la sainte Vierge. Le siècle continue sa marche; la France approche des abîmes. Tout à coup, sur une des cimes des Alpes, voici la sainte Vierge. Il y a des larmes dans ses yeux. « Le bras de mon Fils est si lourd que je ne puis plus le porter. » Quelques années se passent, la voilà maintenant qui se montre dans une des gorges des Pyrénées, laissant jaillir à ses pieds une source miraculeuse, symbole de la guérison de cette grande malade qu'on appelle la France.

Ah! nous ne sommes pas les seuls malades en Europe, toutes les nations le sont. Où voyez-vous cependant rien de pareil ? Comme un fils prodigue qui a beau fuir, qui rencontre partout le regard, le cœur, la vigilance, les inquiétudes de sa mère ; nous n'avons pas fait un pas au xixe siècle sans rencontrer la sainte Vierge. Croyez-vous que ce soit sans dessein ? Elle nous poursuivait, quand nous étions indifférents. Va-t-elle nous abandonner, maintenant qu'éclairés par nos malheurs nous courrons à tous ses sanctuaires ? Brisera-t-elle une France toute retentissante de sa gloire ? Non, non, elle achèvera son œuvre. Et après nous avoir engendrés dans son amour, après nous avoir sauvés miraculeusement au xve siècle ; après nous avoir glorifiés au xviie, par-dessus tous les peuples, elle nous retirera des abimes où nous nous débattons impuissants, et elle nous emportera, radieux et reconnaissants, dans la lumière et la paix d'un avenir meilleur. Voilà ma foi, Messieurs. Et nous le verrons avant de mourir !

II

Après avoir étudié les faits et constaté, en parcourant rapidement l'histoire, qu'il y a entre la France et la très-sainte Vierge une sorte de sympathie divine, il faut maintenant remonter aux causes ; car on ne sait rien, tant qu'on ne s'élève pas jusque-là.

Or, quand on cherche les causes de ce mutuel et profond amour, on en trouve trois que je vous demande la permission d'exposer rapidement.

La première est tirée de notre caractère national, de ce que j'ose appeler l'âme de la France. Pensez, Messieurs. à ce qu'il y a, dans cette âme, de tendresse généreuse, d'élévation, de délicatesse exquise, de sens profond et enthousiaste de la beauté et de la bonté ; et dites s'il était possible que la France arrêtât ses yeux sur la très-sainte Vierge, sans se sentir émue jusqu'au fond des entrailles.

Oh ! que Dieu est un grand artiste ! Entre le ciel et la terre, entre notre néant et sa grandeur, pour nous servir d'intermédiaire, il a placé une simple créature, notre fille, notre sœur, ravie sans doute bien au-dessus de nous tous par la splendeur de ses dons ; mais trop grande précisément et trop belle pour oublier jamais, au sein de sa gloire éblouissante, qu'elle est notre sœur.

De plus, c'est une femme. Pourquoi ? Ah ! c'est que de tous les cœurs le plus compatissant, c'est celui de la femme. Sans doute l'homme s'émeut, mais aux grandes circonstances ; il s'attendrit, mais dans les grands malheurs. La femme au contraire, il y a en elle des trésors de sensibilité et de tendresse. Le moindre soupir la fait soupirer. Et voilà pourquoi, sur cette terre de douleurs, où tous les cœurs saignent, Dieu voulant nous donner un cœur pour refuge, a voulu que ce fut un cœur de femme.

J'ajoute que cette simple créature, cette femme, c'est une

Vierge, la plus pure de toutes les Vierges. Chose admirable ! Il n'y a que les cœurs purs qui soient des cœurs tendres. La mesure de la pureté est, dans les âmes, la mesure de la tendresse. Et voilà pourquoi Marie a aimé la virginité jusqu'à l'héroïsme ; jusqu'à lui sacrifier l'honneur d'être mère de Dieu. Même quand ce bonheur lui est offert par un ange, elle ne l'accepte pas ; afin que la virginité, étant en elle la plus sublime de toutes les virginités, achevât de déposer dans son cœur la plus céleste de toutes les tendresses.

Est-ce tout, chrétiens ? Oh ! non, et c'est ici que Dieu va commencer à se surpasser. Ce qu'elle a refusé, Dieu le lui donne, mais sans qu'elle perde ce à quoi elle tient plus qu'à la vie. La couronne de la maternité descend sur son front, sans que pâlisse la couronne de la virginité. Au contraire. Les deux états sacrés de la femme, ceux que l'homme, à moins d'être maudit ou fou, respectera éternellement, la maternité et la virginité, unissent leurs splendeurs sur son front et y mettent une beauté, qui est le dernier mot de la beauté humaine. Je citais tout à l'heure une Vierge incomparable de Raphaël, celle de notre musée du Louvre. J'en ai vu une autre, à Florence, qui est plus belle encore : c'est la Vierge du grand duc. Elle tient l'enfant Jésus dans ses bras. Quelle modestie virginale dans cette adorable physionomie ! Et que cependant on sent bien qu'elle est mère ! Quelle dignité, et, si je l'osais dire, sous ces longs cils abaissés, quelle joie et quelle fierté maternelle ! Et comme on sent bien néanmoins quelle est vierge ? Et cet enfant, comme elle le regarde, sans presque le regarder ? Est-ce du respect ? Est-ce de l'amour ? Est-ce son fils ? Est-ce son Dieu ? C'est ineffable ! On s'oublie des heures dans la contemplation de cette beauté idéale que le génie n'avait pas conçue, et que l'art le plus divin est impuissant à rendre.

C'est cette beauté qui a ravi le cœur de la France. C'est elle qui a créé au moyen-âge la chevalerie, cette brillante expression de ce qu'il y a de plus exquis et de plus délicat dans le cœur français. C'est elle qui a fait la Vierge chrétienne, dans sa pureté radieuse ; et qui, jusqu'au sein de nos foyers, a mis, au front de nos mères et de nos sœurs, cette modestie, cette grâce aimable, cette majesté douce, qui sont à la fois l'honneur, la sécurité et l'inoubliable bonheur de la famille.

Et ce n'est pas tout. Et nous ne connaissons encore qu'une partie de ce mystère auguste de beauté et de bonté, qu'on appelle Marie! En même temps qu'elle devient mère de Dieu, elle devient notre mère, la mère des hommes, la mère de l'humanité. Et, comme c'est une loi que plus on souffre pour ses enfants, plus on les aime, et que ceux qu'on idolâtre le plus sont ceux qui ont brisé davantage notre cœur, Dieu la conduit sur le calvaire afin qu'elle nous y engendre dans d'ineffables douleurs. Après quoi, comme il n'y a rien de plus affreux que d'être mère et de ne pouvoir rien pour ses enfants, de les voir souffrir, mourir et de ne pouvoir leur donner que ses larmes ; j'ai vu cela quelquefois !... afin que notre mère ne fût pas une mère désarmée, impuissante, Dieu l'emporte dans la gloire ; il la fait asseoir sur un trône, et il l'établit reine du ciel et de la terre, dispensatrice de toutes les grâces.

O spectacle tout divin ! Entre cette terre où s'amassent, hélas ! tant de péchés, et ce ciel où grondent quelquefois tant de foudres, qu'est-ce donc que j'aperçois ? une mère ! C'est la mère des hommes ! mais sera-t-elle assez forte ? C'est la mère de Dieu ! sera-t-elle assez tendre ? O prodige ! Elle est à la fois la mère de Dieu et la mère des hommes : mère des coupables, elle est aussi la mère du juge ! mère des insulteurs, elle est la mère de l'insulté ! Aurait-on imaginé un plus sublime trait-d'union !

Comment la France, avec son grand esprit, avec les intuitions de son noble cœur, n'aurait-elle pas senti de telles harmonies ? comment ne se serait-elle pas précipitée, enthousiaste et émue, aux autels d'une telle mère ? Et comment celle-ci n'aurait-elle pas rendu amour pour amour à un peuple qui l'honorait si magnifiquement ? Voilà la première raison de cette tendre et mutuelle sympathie de Marie et de la France dont nous avons vu dans l'histoire les irrécusables et splendides témoignages.

Il y en a une seconde raison, et je la tire de notre mission, du rôle providentiel que nous remplissons en Europe. Cette mission, vous le savez. elle est la conséquence de notre caractère national. Elle a jailli spontanémeut du cœur et des entrailles de la France, le jour où son premier roi chrétien, se faisant lire le récit de la passion, arrivé au moment où Jésus-Christ est souffleté, met la main sur son épée et s'écrie : Que n'étais-je là avec mes Francs! Ce cri de notre berceau a été le cri de notre histoire, pendant quinze siècles. On n'a jamais souffleté un faible, foulé aux pieds une chose auguste, sans entendre aussitôt frémir une épée et frissonner un drapeau : l'épée et le drapeau de la France. Et en même temps que nous nous servions de notre épée pour défendre la vérité, nous nous servions de notre parole pour la propager. En aucune langue du monde, Jésus-Christ n'a fait plus de conquêtes. Son évangile, sur nos lèvres, a pris tout à coup un charme vainqueur qui lui a donné des entrées partout. Et quand ni l'épée ni la parole n'ont suffi à protéger ou à propager Jésus-Christ, nous y avons mis notre cœur, et nous avons tout emporté.

Et, chose admirable! pendant ces quinze siècles, nous n'avons pas connu une hérésie. Légers, mobiles, avides de nouveautés, nous sommes restés purs dans la foi. La France est vierge en même temps qu'elle est mère. Comment n'aurait-elle pas été aimée entre toutes les nations par la Vierge Mère?

Ah! je le sais bien, le moment paraît mal choisi pour parler de la mission de la France. Son épée est brisée; et il y en a qui pensent que nous ne parviendrons jamais à en rejoindre les tronçons dispersés. A cela je réponds deux choses. D'abord quand on brise et pour toujours l'épée d'un soldat, et qu'on le relève d'une faction dont il n'est plus digne, on le remplace. Or, où est-il aujourd'hui ce nouveau soldat de Dieu et de l'Église? Où est-elle l'épée qui doit remplacer la nôtre; l'épée, non pas brutale et païenne, mais généreuse et tendre, l'épée du droit, de la justice, de l'honneur, l'épée qui couvre les faibles et qui relève les opprimés. O Pape, tu resteras dans ta prison, sois-en sûr, jusqu'à ce que la France t'en tire. Et c'est pourquoi, moi qui ne crois pas à la prison éternelle du Pape, à l'oppression indéfinie de l'Église, je salue d'avance le jour où le soldat du Christ, ayant fini sa pénitence, se relèvera de la poussière, où Dieu, et non pas les hommes, l'a couché !

Et d'ailleurs, si l'apostolat de notre épée est momentanément impuissant, est-ce que nous avons suspendu l'apostolat de la parole ? Est-ce que ce n'est pas nous qui semons encore, sur toutes les frontières de la vérité, le plus d'apôtres et les meilleurs apôtres; ce missionnaire francais dont Pie IX disait que c'était le plus ardent, le plus gai, le plus pur, le plus fécond, le plus invincible de tous les missionnaires du monde? Est-ce que nous avons renoncé à l'apostolat du cœur ? Est-ce que ce n'est pas nous qui multiplions aujourd'hui comme elles ne l'avaient jamais été les sœurs de Saint-Vincent de Paul ? Est-ce que nous ne les jetons pas en ce moment comme une pluie de fleurs à travers les tristesses, les mécomptes, les désenchantements, les douleurs de l'ancien monde, comme une pluie d'apôtres à travers les déserts du nouveau ? Est-ce que nous ne venons pas d'y ajouter l'admirable création des petites sœurs des pauvres, dont on ne peut pas ne pas prononcer le nom à Cléry où l'héroïsme de leur abnégation a éclaté d'une manière sublime ? Est-ce que toutes les œuvres qui étendent le règne de Dieu à travers le monde entier, la propagation de la foi, la Société de Saint-Vincent de Paul, les comités catholiques, les œuvres de soldats, d'ouvriers, est-ce quelles ne sont pas sorties de notre sein et de nos entrailles ? Est-ce que nous ne sommes pas encore partout à l'avant-garde du bien. O Vierge, qui faites la même œuvre ; qui descendez invisiblement au secours de tous ceux qui souffrent, qui doutent, qui prient, qui espèrent, dites, est-ce que vous ne rencontrez pas partout l'esprit, le cœur, l'âme apostolique de la Franee? Et dès lors, comment ne vous aimeriez vous pas toutes deux, qui remplissez les mêmes fonctions? O Mère, comment n'embrasseriez-vous pas la France, puisque vous la rencontrez toujours et la première sur tous les champs de bataille de l'amour.

Qu'ajouterais-je? La troisième et dernière raison de ce grand et spécial amour de Marie pour la France, ce sont nos périls. Que voulez-vous, nous avons les défauts de nos qualités ; les plus tristes défauts à côté des plus rares qualités. Et voilà pourquoi Marie nous aime tant. C'est son inquiétude qui double sa tendresse !

Qui n'a vu quelquefois de ces choses ! qui n'a entendu une mère, parlant de sa petite famille, lui dire : « Oh ! celui-ci, et celui-là, je n'en suis pas inquiet. Ce sont des natures plus calmes. Elles vont tout droit. Mais cet autre, ce troisième, oh ! avec un tel cœur, avec cette nature de feu... Voyez-vous, je ne pense qu'à lui ! » Eh bien ! voilà ce que fait en ce moment la sainte Vierge. Elle aime toutes les nations catholiques ; mais elle ne pense qu'à nous. Elle n'apparaît que chez nous. Elle y apparaît sans cesse, plus qu'elle ne l'avait encore fait. Pourquoi ? parce que jamais nous n'avons été plus exposés. Et aussi, parce que, même dans son abaissement, nulle nation n'a encore autant d'influence, et que ressusciter la France, ce serait relever et vivifier le monde entier !

Vous le ferez, ô Vierge Marie !

Vous avez aimé la France dès ses plus lointaines origines, vous l'aimerez jusqu'à la fin. Vous ne l'avez abandonnée dans aucune de ses crises ; vous ne l'abandonnerez pas dans celle-ci. Vous abaisserez vos yeux sur elle, ces yeux si doux, si pleins de miséricorde, qu'elle connaît depuis si longtemps : *Illos tuos misericordes oculos, ad nos converte.*

O très-douce Notre-Dame de Cléry ! abaissez-les, ces yeux maternels, sur ce grand diocèse, sur cette ville d'Orléans toujours si fidèle à Dieu. sur ce clergé si pieux et si zélé, sur ces pèlerins sans nombre. Ah ! qu'aucun d'eux ne s'en aille, sans avoir déposé une douleur, et sans emporter une espérance.

Abaissez-les aussi, vos yeux si tendres, sur ces Pontifes qui sont venus prier avec nous et pour nous. Ah! dans ces tristes temps que nous traversons, ils portent plus souvent des couronnes d'épines que des mitres d'honneur. Consolez-les ; soutenez-les ; bénissez-les !

Et, en bénissant ces Pontifes, bénissez d'une manière spéciale celui qui est le nôtre. Il a eu dans sa vie des initiatives bien glorieuses. Mais ici, dans ce sanctuaire, aux pieds de Notre-Dame de Cléry, je ne veux me souvenir que d'une chose : c'est lui, ô Marie, qui a relevé les ruines de votre temple, qui vous a couronné d'un diadème d'honneur ; et qui trois fois a amené à vos pieds de telles foules que les vastes nefs de cette église se sont étonnées de ne pas pouvoir les contenir.

Et après que vous aurez béni les enfants et les pères, les brebis et les agneaux, ô Vierge, bénisssez Celui qui est le père des agneaux et des brebis, notre saint et glorieux pontife Pie IX. Pourrions-nous oublier que c'est lui qui a mis sur votre tête la plus brillante de toutes les auréoles, celle de la maternité divine exceptée, l'auréole de l'Immaculée-Conception ? C'est peut-être pour cela que vous lui avez donné une couronne d'épines. O Vierge, qu'il continue à la porter noblement, magnanimement, saintement, aux applaudissements du ciel et de la terre !

Et quand vous nous aurez tous bénis dans le temps, ô Marie, donnez-nous la dernière, la plus haute de toutes les bénédictions : celle qui consistera à voir, pendant toute l'éternité, Jésus le fruit béni de vos entrailles : *Et* Jesum *benedictum fructum ventris tui nobis, post hoc exilium ostende ; o clemens, o pia, o dulcis Virgo Marià. Amen.*